SOEUR MARTHE,

PAR

J.-M. SUCHET.

BESANÇON,

IMPRIMERIE ET LITHOGRAPHIE DE J. JACQUIN,

Grande-Rue, 14, à la Vieille-Intendance.

1870.

SŒUR MARTHE.

La guerre a des horreurs à nulle autre pareilles. Détournons les yeux de ce triste spectacle, et puisque les maux qu'enfante la discorde sont si affreux, arrêtons nos regards sur le consolant tableau de la charité qui s'efforce d'y porter remède. Cette vue au moins adoucira nos tristesses et relèvera nos cœurs, en nous montrant l'humanité sous une face plus touchante et plus aimable.

Dans la prévision des maux que la guerre devait enfanter, il s'est formé une association philanthropique qui a obtenu l'approbation et le concours de toutes les âmes chrétiennes. C'est l'association internationale de secours aux blessés. Son trait caractéristique est l'engagement de soigner charitablement tous les blessés recueillis sur le champ de bataille, sans distinction de nationalité. Cette pensée, essentiellement charitable, n'est pas neuve. Elle est née avec le christianisme, et nous en avons un témoignage bien authentique dans une lettre de l'empereur Julien l'Apostat, écrivant au pontife Arsace que *les Galiléens nourrissent, non-seulement leurs pauvres, mais souvent ceux des païens.* « Les causes, dit-il, qui ont favorisé l'accroissement de leur religion, c'est leur philanthropie envers les étrangers, leur sollicitude à ensevelir et à honorer les morts, et la sévérité de leurs mœurs. » (*Lettre 51 à Arsace.*)

Cette charité expansive, *pour qui tous les malheureux sont des amis,* a été largement pratiquée parmi nous par une sainte femme dont le nom est resté populaire en Franche-Comté. Je veux parler de la sœur Marthe, et je crois utile, dans les circonstances actuelles, de faire connaître les principaux traits de sa vie.

Le nom de cette généreuse bienfaitrice est connu de tout le monde ; mais nul ne s'est occupé, en temps utile, de recueillir les détails authentiques de ses actions. Aujourd'hui il est peut-être trop tard, et nous sommes exposés à n'avoir plus qu'une sœur Marthe légendaire, dont l'histoire se composera de traits arrangés, embellis, romantisés, inventés même par ses admirateurs. On a déjà même composé plusieurs romans dont elle est le héros. La vérité vraie serait préférable à toutes ces fictions ; elle est assez belle pour n'avoir pas besoin du secours de la fable. Je la raconterai autant que je la connais, en attendant que quelqu'un recueille, s'il est encore possible, les documents authentiques de cette vie édifiante (1).

Anne Biget, connue sous le nom de sœur Marthe, naquit à Thoraise le 27 octobre 1749. Son père, Bernard Biget, était un honnête cultivateur, aimé de ses concitoyens, auxquels il se plaisait à rendre service, et chéri de ses enfants qu'il élevait chrétiennement, en leur donnant tous les jours l'exemple du travail et de la vertu. Sa famille se composait de deux fils et deux filles : Anne, l'aînée des filles, ouvrit de bonne heure son âme à l'heureuse influence du foyer domestique. Elle remarquait et admirait l'empressement de son père à secourir ses voisins, à tendre la main aux malheureux. Dès l'âge de huit ans, elle donna elle-même un touchant exemple de cet amour du prochain.

C'était le jour de la Saint-Pierre, fête patronale de Thoraise. Anne, conduite par une parente, se rendit à Besançon, où se trouvaient ses frères, pour leur porter des gâteaux. En passant sur le pont de Battant, elle rencontre une voiture sur laquelle étaient enchaînés plusieurs condamnés. Elle ne voit en eux que l'image du malheur, et aussitôt, de ses petites mains, elle leur distribue les provisions qu'elle avait apportées pour ses frères.

A Thoraise, sa vie se partageait entre les devoirs de la famille et ceux de la piété. Elle aimait surtout à honorer Notre-Dame du Mont, dont la chapelle s'élevait au sommet de la montagne qui se dresse en face du village, sur la rive gauche du Doubs. On la vit bien des fois, avec ses compagnes, orner de fleurs cet autel de la Vierge, et y apprendre à imiter dans la suite celle qui est appelée le *Salut des infirmes*. Un jour qu'elle venait d'accomplir son pieux pèlerinage, elle entendit des cris qui partaient du bois voisin. Elle accourt, trouve un pauvre enfant tout meurtri qui venait de tomber d'un arbre. Anne n'avait alors que douze ans, mais la charité lui donne des forces, elle prend l'enfant sur ses épaules, le porte

(1) M. Brianchon a publié, en 1856, une *Vie de la sœur Marthe*, qui se compose, en grande partie, de choses étrangères aux actes de cette sainte femme. On y trouve, toutefois, de précieux documents dont j'ai largement profité pour cette notice.

à sa mère et ne le quitte pas qu'il ne soit guéri. C'était là le début d'une vie qui devait être toute de dévouement.

Anne Biget unissait l'activité dans le travail domestique à la charité envers son prochain. Pour récompenser son zèle, son père lui avait donné en propriété une génisse que la jeune fille soignait avec sollicitude. Le moment arriva bientôt où elle en fit de bon cœur le sacrifice. Un jour, on annonça dans le village que la vache d'un pauvre habitant de Thoraise avait roulé sur les roches qui bordent le pâturage et s'était tuée en tombant dans le précipice: c'était toute la richesse d'une famille désolée. Anne, émue de ce récit, demande à son père la permission de donner sa propre génisse à ces pauvres gens, et, avec son approbation, elle la leur conduit, aussi joyeuse de s'en défaire qu'ils étaient heureux de recevoir ce cadeau.

Jusqu'à l'âge de vingt ans, elle partagea ainsi son temps entre les bonnes œuvres et le travail des champs. Elle était heureuse dans sa famille ; et cependant elle se sentait appelée à entrer dans une autre famille où le bonheur s'épure encore par une plus intime union avec Dieu. Une voix secrète lui disait aussi : Quitte la maison de ton père et va dans la terre que je te montrerai. En effet, depuis quelque temps Anne avait formé le projet d'entrer au monastère de la Visitation à Besançon. Ce désir semblait encore s'accroître par les obstacles qu'il rencontrait. Son père, à qui elle avait communiqué son dessein, s'y était formellement opposé. Mais la jeune fille se sentait attirée invinciblement vers la vie religieuse, et un jour elle prit l'énergique résolution de fuir la maison paternelle, et vint à Besançon demander à être admise au noviciat de la Visitation (1770). On y connaissait avantageusement la famille Biget, de Thoraise ; aussi Anne y fut reçue avec bienveillance, sauf à s'entendre ensuite avec ses parents sur son admission définitive.

Mais Bernard Biget n'était pas d'humeur à se séparer facilement d'une enfant qu'il regardait comme le plus précieux trésor de sa maison. Il réclama sa fille, et Anne revint prendre sa place au foyer paternel. Elle avait contristé ses parents par sa fuite ; elle s'efforça de les consoler par son obéissance. Mais son âme était brisée par ce sacrifice qui détruisait ses plus beaux rêves ; bientôt elle tomba malade. Les soins les plus assidus de ses parents ne pouvaient lui rendre la santé, et l'on comprit enfin que le seul remède à son mal était de ne plus s'opposer à sa vocation. Son père consentit donc à la laisser suivre le vœu de son cœur. Anne reprit ses forces, fit ses adieux à sa famille et revint au monastère pleine de joie et d'espérance.

Le couvent de la Visitation, situé dans la rue de la Lue, avait été fondé en 1628 par sainte Françoise de Chantal. Cette communauté plaisait à Anne Biget, parce qu'on s'y proposait, outre l'éducation de la jeunesse, la visite des pauvres et des malades. En y entrant, Anne y reçut le nom de sœur Marthe, sous lequel elle fut connue dès lors. Ses parents n'ayant pas consenti à payer sa dot, elle ne put être admise parmi les dames cloîtrées, et resta sœur tourière. Cette situation, du reste, lui plaisait, car elle avait besoin de mouvement et elle pourrait vaquer dans la ville aux œuvres de miséricorde pour lesquelles elle sentait un attrait si puissant.

On put bientôt apprécier son mérite. Au couvent elle savait plier sa volonté énergique aux exigences de la règle. Au dehors elle devint l'intermédiaire des bonnes œuvres de la communauté. Elle fut secondée, dans sa mission charitable, par les pensionnaires et les religieuses, et en particulier par Mᵐᵉ la présidente de Caron, qui lui donnait une somme de 24 francs par mois. Mᵍʳ de Durfort, archevêque de Besançon, l'aida aussi de ses aumônes et la chargea de visiter les prisonniers tous les deux jours.

L'exercice de la charité accroît encore l'énergie de cette vertu. Sœur Marthe devenait plus ardente à faire le bien, à mesure qu'elle voyait de plus grandes misères. Pendant trois ans, sous l'humble habit de sœur tourière, elle ne cessa de secourir les malheureux, et on s'habitua bientôt dans la ville à la considérer comme la mère des pauvres. Son père, vaincu par la renommée des vertus de sa fille, consentit enfin à payer sa dot. Sœur Marthe fut admise, en 1773, à prononcer ses vœux et à entrer au chœur. Toutefois elle demanda à rester dans sa condition précédente, plus humble, mais plus favorable à l'accomplissement de ses œuvres de bienfaisance.

Elle resta donc sœur converse, et put continuer à visiter les pauvres de la ville et les détenus des prisons. Mᵍʳ de Durfort approuva son choix et continua de l'aider de ses aumônes. Elle reprit ses courses charitables avec cet air décidé et cette volonté énergique qui se reflétait sur sa physionomie, où se peignait un mélange merveilleux de force et de douceur. Le jour elle visitait *ses enfants*, les malades et les prisonniers; le matin et le soir elle vaquait à la prière, à la lecture ou à la préparation des médicaments. Sa sollicitude s'étendait jusque sur les malheureux de la campagne, à qui elle allait souvent porter des secours ou des remèdes.

C'est au milieu de ces occupations bienfaisantes que la Révolution vint la surprendre et la chasser de son couvent (1790). La Visitation

de Besançon comptait alors trente-deux religieuses. La plupart se reti-
rèrent dans leurs familles. Sœur Marthe aurait pu trouver à Thoraise un
asile tranquille et respecté. Mais elle voulut rester au milieu des pauvres
qu'elle visitait depuis vingt ans. Elle se retira dans une maison de la
rue du Clos, avec deux religieuses de son ordre, sœur Béatrix et sœur
Grimont, qu'elle associa à sa mission de charité. Malgré tous les décrets,
elle garda le costume de son ordre, et ce costume fut respecté.

Son père venait de mourir, laissant à ses enfants une assez belle for-
tune. Sœur Marthe en profita pour soulager les malheureux, dont le
nombre augmentait tous les jours. Elle ne pouvait d'ailleurs compter
sur la modeste pension de 400 francs allouée par l'Etat aux anciennes
religieuses, qui fut bientôt réduite et presque jamais payée.

Deux sortes d'infortunés surtout excitaient sa sympathie : les prêtres
proscrits et les soldats infirmes. Les guerres sanglantes de cette époque
amenèrent à Besançon une foule de blessés qui furent provisoirement entassés dans les bâtiments du séminaire. On en porte le nombre à plus de
deux mille, Français et étrangers. L'insuffisance ou la dureté de quelques
infirmiers mercenaires les laissait pour la plupart sans soins et surtout
sans consolation. Sœur Marthe vint au milieu d'eux avec le dévouement
de sa charité. Elle se multiplia pour adoucir leurs souffrances, relever
leur espoir, calmer leur âme irritée, et leur parler de Dieu dans le temps
même où son culte était proscrit.

L'ancien couvent de la Visitation ayant été transformé en hospice
militaire, les soldats malades y furent transportés. Sœur Marthe les y
suivit et put revoir ainsi la maison où elle avait passé auparavant des
années si douces et si fécondes en bonnes œuvres. Sa modeste habi-
tation de la rue du Clos lui retraçait une image de la vie religieuse. Elle
y formait, avec ses deux compagnes, une petite communauté où l'on
travaillait, où l'on priait ensemble. Elles cultivaient un petit jardin où
croissaient, pour leurs malades, des plantes médicinales. Le soir elles
préparaient le linge pour les pansements. Pendant le jour elles re-
cueillaient quelques dons et quelques aumônes pour leurs pauvres et
leurs blessés. Des hivers rigoureux, des années de disette (1794, 1795)
vinrent encore augmenter les misères qu'avaient amenées les troubles
politiques. Sœur Marthe s'efforça de suffire à tous les besoins, et fit
alors, comme elle le disait, son grand noviciat de charité.

Quand il y avait une bonne œuvre à faire, jamais elle ne calculait le
danger. Elle n'hésita pas à secourir les prêtres emprisonnés sous la
Terreur. Elle donnait asile à ceux qui fuyaient la persécution ; elle favo-

risait leur fuite sur une terre plus hospitalière ; elle procurait des secours à ceux qui étaient déportés par ordre des tribunaux révolutionnaires. Du fond de l'exil, plusieurs d'entre eux lui écrivirent des lettres pleines des plus touchants sentiments de reconnaissance pour les soins qu'ils en avaient reçus. Un jour, le 10 mai 1795, un prêtre proscrit, le chanoine Ribaud, de Poligny, fut saisi au moment où il célébrait la messe dans la maison de M. Roux de Raze, rue du Clos, où logeait sœur Marthe. C'était elle qui lui avait donné asile. Ce fut elle encore qui, tous les jours, alla le visiter dans sa prison pour lui porter ses repas. Dans cette circonstance critique, elle conçut le projet de favoriser son évasion, en lui procurant des habits de femme. La ruse fut sur le point de réussir au moment où les personnes admises à visiter les détenus sortaient de la prison. Malheureusement, le portier s'en aperçut assez tôt, et le chanoine fut transporté, par ordre du district, dans les prisons de Lons-le-Saunier.

Sœur Marthe fut affligée de cet insuccès, mais ne s'en émut pas davantage pour elle-même. Elle avait pris à sa charge le plus jeune de ses neveux, dont la mère venait de mourir. Cet enfant la suivait partout dans ses courses charitables. « Je l'accompagnais, dit-il, à l'ancien couvent des capucins, où étaient détenus beaucoup de prêtres qu'elle s'était chargée de nourrir. Elle demeurait alors dans la même rue, à peu de distance de ce couvent, et, malgré les visites qu'elle faisait à tous les malheureux de la ville, elle trouvait le moyen de nourrir aussi ceux-là, et ils ne manquaient de rien... Je me rappelle que ces prêtres disaient la messe dans leur prison... Ma bonne tante les aidait, et pour moi j'étais leur enfant de chœur et je servais la messe.

» Il y avait des jours bien cruels ! C'étaient ceux où l'on arrachait de la prison ces malheureuses victimes pour les conduire à la mort. Ils marchaient avec résignation, avec courage ; mais ma pauvre tante se désespérait ! Je la voyais accompagnant, en pleurant et en priant, jusqu'au lieu du sacrifice, ces nouveaux martyrs de la foi. Il s'en fallut peu que son zèle ne lui attirât le même sort. Il arriva qu'une nuit vingt-huit de ces prêtres parvinrent à s'échapper de la prison. On fit aussitôt des recherches pour ressaisir les fugitifs. Les plus heureux parvinrent à gagner la frontière suisse et furent sauvés. Quelques-uns furent ramenés en prison et furent traités plus rigoureusement que jamais. Ma bonne tante fut soupçonnée d'avoir favorisé leur fuite ; on parlait même de l'arrêter. Mais ces foudres suspendues sur la tête de la sœur Marthe s'apaisèrent insensiblement. On aurait pu croire que c'était à qui ne

ferait rien contre elle. Personne n'osait ou ne voulait opérer son arres-
tation. Il faut croire que son admirable dévouement à toutes les misères
de la ville l'entourait déjà de la vénération publique et lui servit de
bouclier, puisque l'autorité ne put se décider à sévir contre elle. »

Cependant le règne de la Terreur touchait à sa fin. Si la liberté
n'était pas encore rendue à l'Eglise, des temps moins durs semblaient
du moins se préparer pour les fidèles. Mais la misère et la souffrance
sont de tous les temps, et la mission charitable de sœur Marthe était
loin d'être finie. C'est à cette époque, c'est-à-dire à la fin du dernier
siècle, qu'il faut rapporter un trait diversement raconté par ses his-
toriens.

Un jour elle s'était rendue à Thoraise pour y voir ses amis et y recueillir quelques secours pour ses pauvres. Comme elle revenait, à la
tombée de la nuit, accompagnée de ses frères, son oreille fut frappée de
cris plaintifs qu'elle entendit à côté du chemin. Elle se dirige vers l'en-
droit d'où partaient ces gémissements et aperçoit, à travers l'obscurité,
un malheureux voyageur adossé contre un arbre. Epuisé de fatigue et
de privations, il peut à peine répondre à la bonne sœur. Elle lui donne
les premiers soins, et, avec l'aide de ses frères, le transporte dans la
maison la plus voisine, où elle obtient pour lui un lit bien chauffé et
tout ce qui est nécessaire pour le rappeler à la vie. Puis elle regagne la
ville en promettant de revenir. Le lendemain, elle amena une voiture
commode et conduisit le pauvre malade à l'hôpital, où, grâce aux soins
de sa protectrice, il recouvra bientôt la santé.

Quand sœur Marthe avait rencontré cet inconnu, elle ne lui avait
pas demandé son nom. C'était un malheureux et ce titre suffisait
pour le lui rendre sacré. Dans la suite elle apprit qu'il appartenait à une
honorable famille du pays, ruinée par la Révolution ; qu'il avait autrefois
commencé au séminaire des études interrompues par le malheur des
temps, et que maintenant, privé de tout, il avait essayé de revenir à
Besançon pour y chercher quelques ressources et reprendre peut-être
un jour ses études. Sœur Marthe prit intérêt à son sort. Elle lui obtint
des protecteurs et lui facilita les moyens de continuer ses études jusqu'au
jour où il put recevoir les ordres sacrés. Il prit place dans le nouveau
clergé du diocèse, et conserva toujours la vénération la plus profonde
pour celle qui lui avait tendu la main dans sa détresse.

Ce trait si simple et si touchant paraît avoir été transformé par la lé-
gende. Dans le roman qu'elle a composé sur sœur Marthe, Clémence
Robert a suivi la tradition légendaire qui se prêtait à un récit plus dra-

*

matique. Nous donnons ici ce passage, où le romancier a su toutefois conserver le caractère véritable et authentique de son héroïne. La scène se passe sur la place Saint-Pierre, pendant le blocus de Besançon.

« La sœur Marthe était assise sur son humble couche. La lampe brûlait à côté; il y avait là aussi une tasse de café noir et un échaudé; et tout le contenu d'une corbeille à ouvrage était épars sur la couverture.

» Les journées ne suffisaient pas aux travaux de Marthe; elle se couchait pour reposer ses pieds endoloris, et, pour se réchauffer sans le secours du feu, elle cousait activement. Lorsque ses yeux s'appesantissaient, elle trempait son échaudé dans son café noir, et elle reprenait l'aiguille. A force de combattre ainsi le sommeil, elle était parvenue à n'avoir besoin que de trois heures de repos par nuit.

» En ce moment-là surtout, elle sentait le fléau qui allait fondre sur la ville.

» Dès les jours suivants, en effet, la cruelle influence du blocus se fit sentir, la misère sévit dans toute sa rigueur. Le pain et les moindres aliments se trouvèrent tout à coup à un prix si élevé, que la charité seule pouvait nourrir la classe infime des habitants.

» Marthe ne pouvait rien réduire de sa propre dépense pour donner le surplus aux pauvres. Elle et sa sœur Béatrix ne vivaient que de pain bis, de légumes et de lait, et ne faisaient point de feu chez elles, même pendant les plus grands froids. La sœur de charité, pour trouver quelques ressources, vendit donc le peu de meubles qu'elle avait; elle coupa les draps et les rideaux de laine de son lit pour en faire des chemises et des vêtements à de pauvres enfants. Ensuite elle redoubla les quêtes qu'elle avait l'habitude de faire par la ville.

» On la voit tous les jours, à la même heure, sur cette place Saint-Pierre, située entre l'église de ce nom et l'hôtel de ville.

» Outre les vivres que ses aides de camp apportent de sa cuisine, cinq ou six fourneaux portatifs fonctionnent sur la place et alimentent la table où elle fait sa distribution. Marthe, toujours calme et d'une admirable sérénité, remplit à mesure toutes ces écuelles que la foule vient lui tendre. Et, élargissant ainsi le plus tendre des sentiments, elle semble une bonne mère qui a tous les malheureux pour famille.

» Deux hommes se promènent de long en large sur la place en considérant ce tableau, et tous deux sont faits pour en ressentir l'impression touchante.

» C'est le commandant Marulaz et le curé de Saint-Pierre, nouvellement nommé à cette paroisse.

« Hélas ! dit ce dernier, il est toujours des temps fatalement voués à
ce fléau de la misère.... Tenez, général, ce mois où nous sommes, cette
place Saint-Pierre, me rappellent un bien rigoureux hiver, celui de 1786,
et un incident qui en fut la suite.

— Un incident..., et dont vous vous souvenez encore au bout de si
longtemps ? dit le commandant.

— Au bout de vingt-huit ans, répondit l'ecclésiastique. Toutes les
glaces du Jura semblaient avoir fondu sur la contrée, où déjà les récoltes
avaient manqué. Chacun ne pensait guère qu'à soi-même, et bien des
pauvres étaient abandonnés.

— C'est de l'un de ces malheureux qu'il s'agit ?

— Un matin de janvier, des ouvriers qui sortaient à la première heure
trouvèrent ici près, vers cette borne que vous voyez à l'angle du mur de
l'église, un petit Savoyard, d'une dizaine d'années, mort de froid. Ce
n'était qu'un morceau de glace recouvert de haillons. Ces hommes allaient
débarrasser la voie publique de cet objet de dégoût et le jeter au fos-
soyeur. Mais une religieuse, sortie de bien bonne heure aussi, passa sur
la place, et, quelque misérable que fût ce corps du petit ramoneur, elle
ne voulut pas qu'on le rendît à la terre sans lui avoir payé le tribut de
quelques secours, si inutiles qu'ils dussent être.... Je n'ai pas besoin de
vous dire quelle était cette religieuse.

— Oh ! la sœur Marthe sans doute ; elle était alors à la Visitation.

— Elle fit porter le corps du ramoneur à son couvent. Et là, chauffé,
frictionné, abreuvé de vin chaud, le mort revint à la vie.

— Se peut-il ?... Avec ces simples soins ?

— Il se trouva même bientôt des mieux portants. Mais, général, il ne
résultait de cette résurrection qu'un assez mauvais garnement de plus au
monde. Orphelin, privé même de l'éducation de la famille, il avait
d'ailleurs un assez mauvais caractère. Sa vie, jusque-là, s'était passée
dans les cheminées, et je vous assure que ses idées n'avaient été ni plus
larges ni plus claires que son horizon. Ensuite, tout brut et sot qu'il était,
il ne voulait écouter personne, ni rien faire que ses volontés.

— Vous l'avez donc connu, Monsieur le curé ?

— Sœur Marthe, voyant cela, lui persuada qu'il s'était mis dans la tête
de travailler, de s'instruire, et qu'on chercherait en vain à l'en empêcher.
Le petit têtu, alors, déclara impérieusement qu'il irait à l'école ; et, en
effet, il en suivit les leçons et travailla avec ardeur. Alors tout changea
en lui. Car la lumière, vous le savez, général, descend dans le cœur
comme dans l'esprit ; en apprenant à connaître, à penser, on voit que

rien n'est mieux, pour son propre bonheur comme pour celui de ceux qui nous entourent, que la stricte observation de l'honneur et de la vertu. Il passa de l'école au séminaire, et s'y fit remarquer de ses supérieurs. Le vilain petit Savoyard était devenu un des sujets promis avec espérance à l'Eglise.

— Vous étiez donc alors en Franche-Comté, pour savoir tous ces détails?

— L'exemple de la sœur Marthe attira au jeune homme de généreux protecteurs, il reçut les ordres et fut aussitôt appelé à différentes cures.

— Et maintenant, il est sans doute avantageusement placé?

— Il est à Besançon, et curé de Saint-Pierre; car ce petit Savoyard, général, c'était moi.

M. Marulaz s'arrêta, et regardant fixement le curé :

— Vous ! s'écria-t-il, précédé ici d'une si honorable renommée.

— Mon Dieu, oui ! dit l'ecclésiastique, le dévouement de sœur Marthe m'a fait passer de ce coin de borne à la chaire de l'Eglise. »

Revenons aux premières années de ce siècle. Jusqu'en 1803 sœur Marthe avait pu, pendant six ans, revoir tous les jours son ancien couvent transformé en hôpital militaire. Les malades et les blessés y avaient été fort nombreux ; tous la connaissaient, tous la vénéraient, parce que tous, de quelque nation qu'ils fussent, avaient reçu d'elle des consolations et des secours ; car aux yeux de sa charité il n'y avait plus parmi eux d'ennemis, mais seulement des malheureux. Après la victoire de Zurich, remportée par Masséna (1799), un grand nombre de prisonniers furent dirigés sur Besançon. Parmi eux se trouvait un officier russe, dévoré par une fièvre ardente. Il fut transporté à l'hôpital ; mais, malgré les soins assidus de sœur Marthe, son état parut bientôt désespéré, et une nuit, les infirmiers, remarquant qu'il ne respirait plus, le transportèrent à la salle des morts. Dès le grand matin, sœur Marthe informée de son décès voulut cependant le voir encore. Elle crut remarquer en lui quelques restes de vie, le fit reporter dans son lit, et, à force de frictions et de soins empressés, le fit revenir de cet anéantissement, qui n'était autre chose qu'une léthargie profonde. Le malade guérit, et plus tard il fut du nombre des prisonniers renvoyés dans leur patrie. Quand les puissances alliées vinrent en France, en 1814, il suivit l'empereur Alexandre à Paris et se rendit exprès à Besançon pour revoir et remercier encore une fois sa bienfaitrice.

On comprend quelle affection les blessés et les malades devaient avoir pour la bonne sœur ; un seul mot résumait tous leurs sentiments : ils l'appelaient la *mère des soldats*. Dans la ville cette sympathique admiration était universelle ; on songea enfin à l'exprimer par un témoignage public. Ce fut la société d'agriculture du Doubs qui, la première, sur la proposition de Girod-Chantrans, revendiqua l'honneur d'offrir à sœur Marthe, en 1801, une médaille d'argent, portant sur la face une couronne de chêne avec ces mots : *Hommage à la vertu.* Le président de la société lui adressa en même temps la lettre suivante :

« Citoyenne, votre zèle pour le soulagement des malheureux était connu depuis longtemps en cette commune ; mais il s'est développé avec une nouvelle activité…. Le fléau d'une guerre meurtrière pesait encore sur la France ; une foule de guerriers blessés, mutilés dans les combats, avaient été transportés du champ de bataille dans nos hospices, où ils étaient entassés. Les secours se trouvèrent insuffisants pour répondre aux besoins de tous.

» A peine instruite de ce dénûment pénible de nos hôpitaux, vous n'avez pu modérer les élans de votre zèle ; vous êtes accourue au milieu de ces braves, que tourmentait la douleur, et tout ce que la bienfaisance a pu vous inspirer pour leur soulagement, soins assidus, veilles prolongées, pansements ménagés avec précaution, consolations affectueuses, démarches multipliées dans les maisons de l'homme aisé, afin d'intéresser sa bienveillance, secours même tirés de votre propre bourse dans des moments pressants, vous avez tout fait, tout entrepris, tout exécuté en faveur de nos défenseurs malades.

» Tant de dévouement, de courage, de générosité, ne devaient point rester inconnus ; signalés par tous ceux qui en ont été les témoins, ils ont recueilli partout le tribut d'éloges qui leur était dû, et c'est avec le plus vif attendrissement que le récit de tous ces faits a été répété parmi nous. La société, heureuse d'avoir encore à distribuer une des couronnes destinées à la bienfaisance, a voté à l'unanimité, dans la séance du 5 germinal dernier, de vous la décerner ; mais elle vous prie, en acceptant la médaille qu'elle nous charge de vous adresser, de considérer en elle, non une récompense (il n'en est point à notre disposition pour tant de vertus), mais un faible témoignage de tous les sentiments d'estime, d'attachement et de considération que vous lui avez inspirés. »

Jamais hommage ne fut mieux mérité. Sœur Marthe en reçut bientôt d'autres aussi publics et aussi sincères. Cette femme qui mendiait sans cesse pour ceux qu'elle appelait ses enfants, qui prenait même, comme le dit la lettre précédente, dans sa *propre bourse*, n'avait pas personnellement de quoi vivre. L'héritage de son père était épuisé. Elle avait vendu jusqu'à son linge et son mobilier. Elle vivait avec la plus parcimonieuse économie et se passait même de feu pendant l'hiver. Heureuse de se priver pour secourir les malheureux, elle ne s'inquiéta enfin que quand elle se vit à bout de ressources pour les aider. Alors elle se souvint que, depuis plus de six ans, sa pension d'ancienne religieuse, quoique réduite à 133 francs, ne lui avait pas été payée. Si elle pouvait en obtenir le règlement, ce serait une ressource abondante pour les besoins les plus urgents.

Elle adressa donc une demande au gouvernement et la fit appuyer par les autorités de la ville, qui s'empressèrent de rendre hommage à son dévouement. Le préfet du Doubs, Jean Debry, déclara « qu'elle avait rendu d'importants services dans les hospices de la ville et mérité l'estime de toutes les personnes honnêtes. » Le commissaire ordonnateur Lyautey attesta « qu'elle n'avait cessé de combler de bienfaits les militaires malades dans les hôpitaux de la place ; que nuit et jour elle s'était dévouée à leur soulagement, ne cessant de quêter, dans les moments de disette, des secours en linge, riz, vin, eau-de-vie, et n'intéressant la charité des citoyens qu'après s'être dépouillée elle-même de tout ce qu'elle possédait. » Les généraux Ménard, Boussard, d'Oraison et Baville, proclamèrent hautement « qu'elle avait été, dans tous les temps, la ressource, la consolation et la garde fidèle des militaires malades ; que plus ils étaient mutilés, plus sa généreuse sollicitude était grande, et que les soldats blessés la vénéraient à juste titre comme leur mère. » Le général Boussard déclara même qu'il lui devait une reconnaissance personnelle, « et que c'était à ses précieux soins qu'il était en grande partie redevable de n'avoir pas succombé aux suites d'un malheureux et cruel accident. » Le témoignage de tous les médecins vint encore se joindre à tous ces hommages glorieux. Ils déclarèrent « que toujours et sans distinction elle avait donné la même attention à tous les malades de l'hôpital militaire, et que, dans des temps difficiles, elle leur avait été d'une très grande ressource pour leur procurer du linge et d'autres objets rares. »

Malgré ces honorables témoignages, sœur Marthe attendit longtemps la justice qu'elle réclamait. Plus de deux ans s'écoulèrent avant qu'elle pût obtenir une modeste indemnité de 400 francs. Plus tard, l'empereur connut son dévouement ; on mit sous ses yeux le rapport des services qu'elle avait rendus à l'armée. Napoléon savait apprécier ce qu'on faisait pour ses soldats, et il voulut que la pension de sœur Marthe fût liquidée et qu'on lui accordât en outre une gratification de 1,200 francs.

Pendant tous ces délais sœur Marthe était dans le besoin, mais elle

n'en continuait pas moins ses bonnes œuvres. Toutefois ce ne fut pas sans
éprouver les obstacles que l'on rencontre toujours ici-bas quand on veut
faire le bien. Ces contrariétés, nées d'une circonstance fortuite, prirent
à la fin un caractère bien pénible. En 1802, l'hôpital militaire fut sup-
primé et les soldats malades transférés, par ordre du gouvernement, à
l'hôpital civil. Sœur Marthe ne pouvait les y suivre ; car elle n'appartenait pas à la congrégation des hospitalières. Les malades en furent déso-
lés. Ils devaient sans doute trouver dans leurs nouvelles infirmières les
soins les plus assidus ; mais ils comprenaient cependant tout ce qu'ils
perdaient en se séparant de celle qui avait sauvé la vie à plusieurs d'entre eux. Leurs regrets s'exprimèrent dans une lettre adressée au général
Ménard, pour demander que sœur Marthe leur fût conservée dans le
nouvel hospice. « Citoyen général, disaient-ils, nous avons la plus grande
appréhension d'être privés de notre bonne sœur, de notre mère, qui ne
cesse de nous rendre les plus grands services; elle nous soulage, elle nous
console.... Nous vous prions tous en grâce de nous la conserver.... Nous
la respectons et la regardons comme notre véritable mère. »

Le général Ménard transmit la demande des soldats au préfet Jean
Debry : celui-ci la fit passer à la commission administrative de l'hospice,
qui devait en décider. En même temps le général Ménard écrivit aux
membres de cette commission pour les presser d'admettre sœur Marthe
à soigner les soldats dans l'hôpital civil. « Leur refuser ce qu'ils deman-
dent, disait-il, lorsque leur réclamation est fondée sur la justice, ce serait
démériter de l'humanité, et pécher contre la reconnaissance que l'on doit
à des hommes qui ont versé leur sang pour la patrie.... Ces militaires,
en majeure partie, doivent leur existence actuelle à sœur Marthe ; cette
respectable femme, modèle des vertus religieuses, est vivement réclamée
par eux. Leur attachement reconnaissant pour elle est tel que la priva-
tion de ses obligeants services ne pourrait qu'exciter parmi eux des mou-
vements qui nuiraient infailliblement à leur santé. »

Mais toutes ces sollicitations ne devaient pas aboutir ; sœur Marthe ne
pouvait entrer au service de l'hospice civil qu'en prenant le titre et l'habit
de religieuse hospitalière dont elle ne voulait pas. La demande des soldats resta donc sans effet. Les esprits s'aigrirent ; toute la ville fut un
instant occupée de cet incident. Sœur Marthe, abusant un peu de sa popularité, mit quelque obstination dans ses démarches pour être reçue à
continuer ses soins aux soldats. De leur côté, les hospitalières, fortes
de leurs droits et de l'appui de leurs administrateurs, résistèrent à
ses prétentions. Il lui fallut céder et attendre que des circonstances

nouvelles lui fournissent l'occasion de reprendre sa mission charitable.

Les soldats se résignèrent; mais ce qu'ils ne purent endurer , c'est qu'on fît courir sur sœur Marthe des bruits malveillants ; c'est qu'on dénigrât son dévouement , qu'on l'accusât d'ambition , de charlatanisme, d'imprudence à donner des remèdes plus nuisibles qu'utiles, et enfin, qu'on lui reprochât de mettre toute sa piété dans une vaine ostentation de charité. Ces rumeurs blessèrent sœur Marthe. Elle mit cette épreuve au pied de la croix et attendit patiemment que l'orage fût passé. Mais les soldats protestèrent publiquement par une lettre adressée au préfet, dans laquelle ils lui disaient : « Si vous l'aviez vue comme nous, entourée de dix-sept cents malades, seule femme, aller de salle en salle, nous rendre les services les plus rebutants! à peine dans vingt-quatre heures nous quittait-elle pour aller prendre sa nourriture.... On dit que, par un zèle outré, elle nous fait mourir. O ciel! quelle calomnie! une femme qui nous aime comme ses enfants voudrait nous faire du mal! Oh! citoyens, nous crions tous à la calomnie, etc... . » Les médecins se joignirent aux soldats pour attester que, pendant six ans, sœur Marthe avait non-seulement procuré aux malades toutes sortes de secours, « mais qu'elle ne les a pas distribués arbitrairement, et qu'elle ne donnait des choses utiles qu'à ceux des blessés et des malades qu'on lui désignait, et à la quantité qui leur convenait. »

Tout ce bruit s'apaisa peu à peu , et la bonne sœur, ne pouvant plus pour le moment donner ses soins aux soldats, reprit le cours de ses bonnes œuvres dans la ville et dans les campagnes du voisinage. En 1805, elle allait un jour remplir quelque mission de charité dans un village, lorsqu'elle aperçut une maison en feu. Des cris aigus partaient de l'intérieur. C'étaient une mère et ses deux enfants qui étaient menacés de périr dans les flammes. Sœur Marthe se précipite sans calculer le péril, et a le bonheur d'arracher à la mort ces trois infortunés.

Deux années plus tard, vers 1807, au moment où elle passait dans les Prés de Vaux, entre le Doubs et le mont de Bregille, un jeune garçon de neuf ans tombe dans le courant du fleuve. Ses camarades poussent des cris d'alarme. Sœur Marthe accourt. Elle ne sait pas nager, mais ses vêtements la soutiendront sur l'eau. Elle se précipite au secours du malheureux enfant, et , après des efforts inouïs, elle le ramène sauvé sur la rive.

Si, pendant quelque temps, elle fut privée du bonheur de soigner les soldats blessés, il lui restait encore assez d'autres misères à secourir. Sans compter les pauvres de la ville, elle avait la sollicitude des prisonniers, qu'elle visitait dans leurs cachots. D'après un rapport de 1808, signé par la gendarmerie du Doubs, sœur Marthe procurait à ces malheureux les secours et les vêtements que réclamait leur position. « Nous attestons, y est-il dit, que très souvent, sans le secours de cette femme charitable, nous aurions été obligés de laisser séjourner en prison pendant longtemps, et surtout dans l'hiver, des militaires dénués de tout, qu'il nous aurait été impossible de mettre en route, étant presque nus, et n'ayant ni bas ni souliers. »

Les soldats prisonniers étaient sans doute des coupables devant le code militaire; mais, aux yeux de sœur Marthe, ce n'étaient que des malheureux, pour qui ses entrailles étaient émues. Beaucoup d'entre eux, condamnés à mort, furent sauvés par son intercession. C'est là un souvenir qui s'est attaché constamment à son nom, quoiqu'il soit impossible aujourd'hui de préciser ces traits de sa charité. En voici quelques-uns qu'indiquent les notices recueillies sur cette *mère des soldats*.

Vers 1802, une querelle s'étant élevée entre quelques militaires, à Besançon, un sergent se jeta dans la mêlée pour séparer les combattants et rudoya violemment celui qui paraissait le plus emporté. Celui-ci ne fit que s'irriter davantage et blessa le sergent de son sabre. Il fut jeté en prison, tandis qu'on transporta le sergent à l'hôpital. Sœur Marthe les visita l'un et l'autre. Grâce à ses soins attentifs, le sergent guérit bientôt, mais le coupable fut condamné à mort. Vainement la sœur intercéda, pour le sauver, auprès du conseil de guerre. Il fallut recourir au général Ménard, qui commandait la place, et qui consentit à en référer au ministre Carnot. Par son intermédiaire, on obtint enfin du premier consul la grâce du condamné.

C'est encore par son intercession que fut gracié un jeune lieutenant, des environs de Besançon, qui s'était absenté pendant trois jours, contre la défense de son colonel, pour aller dire un adieu à sa famille. C'est elle qui obtint de Napoléon la grâce d'un soldat enfermé dans la prison de Pontarlier, où il attendait l'exécution de la sentence qui le condamnait à être fusillé pour cause de désertion. C'est elle qui obtint encore la même faveur pour un chasseur à cheval, de Dampierre-sur-Salon, qu'elle avait soigné d'abord comme malade à l'hôpital militaire, et qu'elle sauva de la condamnation qu'il avait encourue par une triple désertion causée par la nostalgie. Dans son histoire du siége de Besançon en 1814, M. Léon Ordinaire raconte qu'un conscrit, nommé Guilleminot, convaincu d'avoir été chef de complot de désertion, fut condamné à mort. Il venait d'entendre lecture de l'arrèt fatal. Le peloton était prêt à faire feu, lorsque sœur Marthe s'élança, élevant dans ses mains la grâce que le gouverneur, usant de son pouvoir absolu, avait été heureux d'accorder à ses énergiques supplications et à celles de M. l'abbé Vieille, aumônier de la prison militaire. — Maintes fois ces scènes touchantes ont été représentées par la peinture ou la gravure. A l'exposition de 1825, on a pu remarquer un tableau qui représentait sœur Marthe apportant la grâce d'un condamné, au moment où il allait subir son supplice.

La charité de sœur Marthe était vraiment catholique, c'est-à-dire universelle. Elle ne refusait son aide à aucun de ceux qui en avaient besoin, qu'ils fussent étrangers ou Français, républicains ou royalistes, catholiques ou protestants, innocents ou coupables. Elle ne voyait en eux que l'humanité souffrante et l'image du Dieu qui est mort pour tous, et qui fait lever son soleil sur les bons et sur les méchants. En 1809, elle eut une belle occasion d'exercer son zèle. On avait dirigé sur Besançon plus de six cents prisonniers espagnols, dépourvus de tout. Sœur Marthe s'empressa de les visiter et se constitua leur providence visible, en quêtant pour eux des vêtements et des vivres. S'ils étaient malades, elle les faisait transporter à l'hôpital. S'ils venaient à mourir, elle prenait soin de leur procurer une honorable sépulture.

Un jour elle se trouvait chez le commandant de la place, pour intercéder en faveur d'un de ces pauvres prisonniers. « Sœur Marthe, lui dit-il, vous allez être bien affligée ; vos bons amis les Espagnols vont quitter Besançon. — Oui, général, répondit-elle ; mais les Anglais arrivent, *et tous les malheureux sont mes enfants.* » Avant leur départ, les prisonniers espagnols voulurent lui laisser un témoignage de leur reconnaissance, en lui offrant un petit Christ en argent, qu'elle garda fidèlement en souvenir de ses *bons amis.* La sévérité de la discipline militaire ne lui permettait pas toujours d'arriver jusqu'aux infortunés qu'elle voulait secourir. Mais sa charité était ingénieuse à violer la consigne. Des prisonniers croates, en révolte contre leurs gardiens, avaient été enfermés dans la citadelle et relégués dans les fossés. Elle trouvait moyen de leur faire parvenir du pain, des vêtements, du tabac, qu'on leur jetait par-dessus les parapets.

Sœur Marthe avait l'expérience que donne une longue habitude de soigner les malades. C'était une habile praticienne, sachant traiter à propos toutes les plaies que font les armes de guerre. A cette qualité précieuse elle joignait le don d'être toujours affectueuse pour ceux qu'elle soignait. Aussi, les soldats rentrés dans leurs foyers racontèrent dans toute la France les traits de sa charité, et c'est ainsi que son nom devint partout populaire, et qu'on vit bientôt son portrait exposé en vente dans de nombreux étalages.

Les administrateurs de Besançon surent toujours apprécier ses services, dans toutes les circonstances critiques, et faire appel à son dévouement. En 1811, le préfet Jean Debry l'associe à l'œuvre des bureaux de bienfaisance et la charge spécialement des secours à distribuer dans les hôpitaux et les prisons. En 1812, on lui accorde un secours annuel de 300 francs, « moins comme une récompense méritée, dit le préfet, que comme un nouveau moyen de donner plus d'extension à ses œuvres de bienfaisance. » Dans la même année, elle reçut la commission de surveiller chaque jour le service de la maison d'arrêt militaire à Chamars. Les années suivantes on la pria d'étendre encore sa surveillance sur les détenus civils de cette maison, et on proclama publiquement, à cette occasion, « le zèle édifiant avec lequel elle soignait les malheureux. »

En 1814 s'ouvrit pour sœur Marthe une nouvelle mission plus importante encore, s'il est possible, que toutes celles qu'elle avait remplies jusqu'alors. Besançon fut bloqué par les Autrichiens dès les premiers jours du mois de janvier. Nous ne savons que trop aujourd'hui les maux qu'entraîne la guerre pour une ville assiégée, et nous pouvons comprendre ce que le blocus amena de misères, au milieu des rigueurs de l'hiver le plus rude. En face de ces terribles circonstances, sœur Marthe montra, comme toujours, une âme énergique, dévouée, intrépide. A l'approche de l'ennemi, les habitants des campagnes se réfugiaient à Besançon. Elle leur procura des asiles, les aida à s'installer, les secourut dans leur détresse. Avant l'investissement de la ville, et pendant les premiers jours du siége, les soldats firent plusieurs sorties heureuses. Dans ces luttes sanglantes, sœur Marthe était sur le champ de bataille pour secourir indistinctement les blessés français ou ennemis.

Le blocus dura quatre mois, pendant lesquels elle eut à soulager plusieurs milliers de malheureux. Les approvisionnements étaient peu abondants ; l'hiver était rude ; les pauvres vivaient comme ils pouvaient, au jour le jour. Sœur Marthe fit des quêtes pour les secourir. Pendant deux mois, on la voit tous les jours, sur la place Saint-Pierre, distribuer des vivres, de la soupe, à une multitude de pauvres affamés.

D'autres misères l'appellent ensuite dans les hôpitaux, où sont transportés les malades et les blessés. Il y en a cinq cents dans son ancien couvent de la Visitation. C'est là surtout qu'elle va lutter, à force de soins maternels, contre les ravages du typhus.

Sa charité chrétienne était connue de toute la France. Quand, au mois d'avril 1814, le comte d'Artois prit possession de Besançon, il voulut voir sœur Marthe et la remercier de tout le bien qu'elle avait fait. « Le roi connaît votre dévouement, lui dit-il, et je vous en remercie en son nom. » Elle sut profiter de cette bienveillance pour obtenir du prince quelques dons et quelques faveurs, non pour elle, mais pour ses pauvres et ses prisonniers. Ceux-ci, avant de retourner dans leur pays, voulurent lui témoigner leur reconnaissance à leur manière. Vingt-quatre d'entre eux venaient encore, quelques jours auparavant, d'obtenir leur grâce par son intercession. Le 18 avril, ils organisèrent, dans la prison de Chamars, une fête d'un caractère touchant en l'honneur de sœur Marthe. Elle vint s'asseoir au milieu de *ses enfants,* et prendre part à la joie de ces hommes, si divisés d'opinions, mais unis alors pour rendre hommage au dévouement. Français, Anglais, Autrichiens, Russes, Hongrois, Espagnols, Italiens, etc., tous avaient, ce jour-là, le même langage pour remercier leur bonne mère.

Sœur Marthe n'était point indifférente à ces témoignages d'une filiale reconnaissance. Mais les motifs de son dévouement étaient puisés dans une source plus haute et plus pure que l'opinion des hommes. Aussi elle sut rester modeste malgré les décorations nombreuses dont elle fut bientôt gratifiée et qu'elle appelait plaisamment sa batterie de cuisine. Citons, parmi les personnages qui ont tenu à lui rendre hommage, les plus dignes d'être mentionnés.

En 1807, le maréchal Oudinot, de passage à Besançon, la fit mander auprès de lui. « C'est sur le champ de bataille que j'ai appris à vous connaître, lui dit-il ; nos soldats ne vous oublient pas, et partout les blessés vous réclamaient. »

L'empereur Napoléon, instruit de son dévouement, ne voulut pas laisser sans récompense, disait-il, *des actions dictées par l'esprit du plus pur christianisme.* Il lui destina la croix de la Légion d'honneur ; mais les événements désastreux qui survinrent empêchèrent d'en expédier le brevet à sœur Marthe.

Quand, en 1815, le maréchal Ney vint à Besançon, il voulut la voir, s'entretint longtemps avec elle et la remercia vivement de tout ce qu'elle avait fait pour les soldats blessés. En la quittant, il lui fit don d'une somme de six cents francs pour l'aider dans ses bonnes œuvres.

Etrangère à tous les partis qui se disputaient la France, sœur Marthe n'avait d'autre politique que la charité et d'autre préférence qu'un plus grand dévouement pour les plus malheureux. Aussi elle mérita d'être honorée par tous les pouvoirs et tous les régimes. Le gouvernement de

Louis XVIII lui envoya la décoration du Lis ornée de brillants. Le roi lui accorda en même temps une pension de 1,200 francs sur sa liste civile. Quelques jours après, le 21 août 1814, le comte Dupont, ministre de la guerre, lui fit remettre, par le général commandant à Besançon, une croix particulière. « Il est juste, disait le ministre, qu'elle connaisse que ses vertus et ses services sont partout connus et appréciés, et je vous invite à lui offrir, en mon nom, la croix ornée de fleurs de lis que je joins à la présente dépêche, en la priant de la conserver comme un gage de la reconnaissance des militaires malades et blessés auxquels elle a donné ses soins. »

Louis XVIII exprima le désir de voir à Paris cette sainte femme, afin de lui exprimer en personne, au nom de la nation entière, sa reconnaissance et son admiration. Sœur Marthe dut se rendre à la cour, dans le costume religieux qu'elle n'avait jamais quitté. Elle fut accueillie du roi et des princes avec un profond sentiment de vénération. Elle demeura quelque temps à Paris, dans un modeste logement qu'un de ses parents avait mis à sa disposition, s'efforçant d'échapper aux invitations et aux visites importunes, qui n'étaient ni dans ses goûts ni dans ses habitudes.

Les souverains étrangers, rassemblés alors dans la capitale, s'empressèrent de la remercier des soins qu'elle avait donnés à leurs sujets blessés ou prisonniers. L'empereur de Russie la reçut en audience particulière, et la décora lui-même de la grande médaille du Mérite civil. Elle fut reçue avec la même bienveillance par l'empereur d'Autriche et le roi de Prusse. Celui-ci lui fit remettre la médaille d'or par le prince de Hardenberg, dont la lettre se terminait ainsi : « Recevez, vénérable sœur Marthe, cette décoration, que vous garderez comme un gage de la bienveillance d'un souverain qui sait apprécier votre dévouement charitable, et cent louis neufs dont vous disposerez d'après votre gré. » L'empereur d'Autriche lui envoya aussi une médaille d'or portant sur la face l'effigie du souverain, et au revers un temple d'ordre dorique dédié à l'honneur. Ces offrandes furent accompagnées et suivies des lettres les plus flatteuses, écrites à sœur Marthe par les princes. Ils y proclamaient qu'elle avait rendu les plus grands services à leurs nationaux, et que souvent, « bravant tous les dangers, elle avait été leur consolation et leur appui dans la vie et dans la mort. » Tant de vertus, disaient-ils encore, trouveront sans doute leur plus belle récompense dans le sentiment religieux qui les a fait naître; mais ils désiraient lui donner des marques de l'estime qu'elle leur inspirait, et lui faciliter les moyens d'exercer sa bienfaisance.

Pendant son séjour à Paris, elle ne put échapper aux témoignages d'affection d'un grand nombre de militaires à qui elle avait donné des soins, et qui étaient heureux de la retrouver pour la bénir encore une fois. Cette popularité troublait sa modestie. Elle se hâta de revenir à Besançon pour y continuer ses bonnes œuvres. Malgré ses soixante-huit ans, elle conservait encore une grande énergie, et elle eut occasion d'en faire preuve dans le rude hiver de 1817. Une disette cruelle, une misère profonde, régnaient cette année-là dans la ville et dans les campagnes. Sœur Marthe se remit à quêter, à organiser des secours pour les malheureux affamés, et, à force d'activité, elle put trouver de quoi distribuer aux pauvres de Besançon, pendant plusieurs mois, jusqu'à deux mille soupes par jour. Sa foi dans la Providence divine la soutint pendant ce fatal hiver, et le courage suppléait aux forces que l'âge semblait avoir épuisées.

Dans les années suivantes, nous la voyons encore continuer, autant qu'il lui est possible, sa mission de dévouement. Elle va jusqu'à Genève, sur la demande d'une famille d'horlogers de Besançon, consoler et secourir de malheureux Suisses ruinés par l'éboulement d'une montagne. Ces exemples de dévouement seront le plus précieux héritage qu'elle laissera à son neveu, M. Biget, peintre de mérite. Elle voulut cependant qu'il en gardât un souvenir sensible, et, selon son désir, l'empereur Alexandre, par une lettre datée de Saint-Pétersbourg, le 17 février, permit à M. Biget de porter, après la mort de sa tante, la médaille qu'il lui avait remise. « Je fais des vœux, dit le prince, pour que le souverain dispensateur des biens fasse passer dans le cœur de votre neveu cette sainte flamme de charité qui embrase votre âme, et le rende digne de vous imiter dans la pratique de la bienfaisance et de toutes les vertus chrétiennes dont vous êtes le modèle. »

Sœur Marthe voyait sa fin approcher. Elle avait encore avec elle sœur Béatrix, l'associée de toutes ses bonnes œuvres; elle ne voulut pas la laisser en ce monde, faible et épuisée, sans pourvoir à ses derniers besoins. Sa charité devait éclater jusque dans ses dernières dispositions. Elle légua à Béatrix quelques revenus pour ses derniers jours, et une somme de trois mille francs qu'elle avait réservée dans cette intention.

Sa mission sur la terre était noblement et saintement remplie. Elle mourut le 29 mars 1824. Toute la population de Besançon suivit son convoi funèbre, et le *Journal des Débats* rendit compte de sa mort en ces termes: « La sœur Marthe Biget est décédée à Besançon, âgée de soixante-quinze ans. Il n'est personne en Europe qui n'ait entendu parler de son constant dévouement pour venir au secours des prisonniers, des malades, des blessés de toutes les nations, et des succès étonnants et presque miraculeux qu'elle a obtenus de son zèle, depuis la suppression des communautés religieuses, sans autre secours que son ardente charité. Rien ne manifeste plus la protection que la divine Providence accordait à ses travaux : elle semblait multiplier les moyens entre les mains infatigables de ce respectable apôtre de l'humanité. Le bien qu'elle a fait pendant trente ans est gravé par la main de la reconnaissance dans le cœur des milliers d'infortunés arrachés par elle à la douleur et à la mort. »

Sœur Marthe fut enterrée au cimetière de Besançon, selon l'esprit d'humilité chrétienne de l'ordre religieux auquel elle avait appartenu, sans que sa tombe fût marquée d'un autre signe que d'une simple croix de bois. Aujourd'hui rien ne reste qui puisse indiquer le lieu où elle repose.

Dès 1814, son portrait avait été placé dans une des salles du ministère de la guerre, « où il sera toujours vu avec intérêt, disait le ministre Dupont, par les amis de l'humanité. » Son nom est resté, pour notre province et pour toute la France, le symbole et comme le résumé du dévouement chrétien. Non, la Franche-Comté ne l'oublie pas, et j'ai vu avec joie, il y a quelques jours, qu'un magnifique portrait de cette sainte femme est de nouveau mis en vente aux étalages de la cité de Besançon.

La famille de sœur Marthe n'est pas éteinte. Ses petits-neveux sont légitimement fiers de l'héritage de gloire si pure qu'elle leur a laissé. Il y a quelques années, M. l'abbé Bossuet a fait élever près de Paris, à l'extrémité du bois de Boulogne, une petite chapelle dédiée à la sainte Vierge sous le nom de Notre-Dame des Bois. Parmi les décorations de ce sanctuaire on remarquait, dans un vitrail, un médaillon où était représentée sœur Marthe. A gauche de l'autel était placé un marbre commémoratif destiné à rappeler son nom, ses titres et ses services. Ce modeste monument avait été élevé en ce lieu selon le désir de Mme Brianchon, nièce de la vénérable religieuse, et de son mari, architecte de cette chapelle. Qu'est devenu, au milieu des horreurs de la guerre, ce pieux sanctuaire élevé à la mémoire de la *mère des soldats ?* Il a disparu sans doute parmi les ruines amoncelées dans les environs de Paris par les nécessités du siége que subit cette grande ville. Mais, du moins, un monument plus durable lui restera dans nos cœurs. C'est le souvenir impérissable de sa charité, et la vénération que toutes les âmes chrétiennes garderont pour celle qui a passé, comme son divin Maître, en faisant le bien.

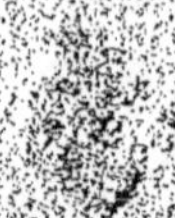

www.ingramcontent.com/pod-product-compliance
Lightning Source LLC
Chambersburg PA
CBHW061756060726
47597CB00007B/2969